CÍRCULO *Luna Parque*
DE POEMAS *Fósforo*

Dia garimpo

Julieta Barbara

7 NOTA À EDIÇÃO

DIA GARIMPO

13 Barbara, *carta de Raul Bopp*

17 Dia garimpo
19 Meu alô é a respeito de um homem chamado Roque
24 Adolescente
27 Variação sobre o "Pai do Mato"
28 O dragão
30 Mãe gentil
33 Amar
34 Iguape
40 Paixão
43 A morte do poeta
46 O dono da jardineira Beija-mim Beija-tu Beija-mão
49 Modinha para violão
51 Epopeia artesanal transoceânica de Qualazapa
53 Foram buscar a Iara no sertão dos seus avós
57 Eco
59 Abuelita
60 O moinho que não era moinho de vento
64 Poesia

ANEXOS

TEXTOS ESPARSOS
71 Água-forte
73 Vendedor de jornais
75 O gigante que não tinha com quem conversar

POEMAS INÉDITOS
83 Branco sobre branco
84 Leque-esqueleto
85 São Jorge, o Santo
86 Natal
87 Poema 1
88 Poema 2
90 Para Sofia
91 Sem busca e nenhum ensejo

93 POSFÁCIO
Dia garimpo?
Mariano Marovatto

Nota à edição

Dia garimpo teve uma única edição, em 1939 (Rio de Janeiro: José Olympio), sendo esta, portanto, que serviu de base para a presente publicação. Este volume reproduz as ilustrações de Julieta Barbara que acompanhavam o livro original, além de um retrato da poeta feito por Flávio de Carvalho e de uma carta-prefácio de Raul Bopp.

Em uma seção anexa, foram incluídos outros poemas: três esparsos publicados em periódicos entre 1938 e 1941, localizados por Mariano Marovatto; e oito inéditos, enviados por sua filha Ana Clara Guerrini Schenberg, escritos por volta dos anos 1990.

A preparação do texto desta edição limitou-se a adaptá-lo à norma ortográfica em vigor, com exceção de alguns casos em que há clara intenção de destacar a oralidade.

Um agradecimento especial a Ana Clara Guerrini Schenberg, que acompanhou a edição de perto elucidando dúvidas e fornecendo material inédito; e a Mariano Marovatto, que, além de ter apresentado o livro para esta publicação, localizou os poemas esparsos, escreveu o posfácio e colaborou imensamente no processo de edição.

Outros agradecimentos a Augusto Massi, Marcelo Moreschi, Maria Amélia Mello, Pollyana Quintella, Renato Rezende, Sérgio Alfredo Bopp, Silvio Tamaso D'Onofrio e Veronica Stigger.

Dia garimpo

Para Adelaide e Pascoal

Para Oswald

BARBARA
Carta de Raul Bopp

Gostei como você não calcula daqueles seus versos do engenho de três paus com música de pilão.
 Estão cheios de uma poesia forte. Fazem a gente pensar em grande, com vontade de ocupações de espaços e contratos de bruxas pra fazer mágica.
 Há atrás das palavras uma porção de coisas que a gente não sabe, um desejo de reunir distâncias:

> Água sem lado e sem fundo,

e uma mistura de vozes acordando sangues continentais.
 O Brasil vinha vindo a passos lentos, recolhendo horizontes de todos os dias.
 Deus fazia as florestas e os negros trabalhavam no engenho. O barulho do mato e as queixas das moendas de cana criaram vozes que ainda esperam versos, como reservas anônimas ainda cheias de assombro.
 Você, Barbara, arranjou uma maneira de moldar essas vozes com uma ternura religiosa:

> Louvado seja.

Você inventou um canto de mandingas e pai de santo, queixas de praias sem retorno num mundo sentimental

> Louvado seja.

Você com esse engenho dos Três Roques — roque nagô de barriga de rajada fez poesia para o Brasil. Um abraço,

BOPP.

Dia garimpo
Vestido limpo
Na água sabão
O azul caipira
Do céu burleta
Lavando o sol
Gosto de Alzira

De borboleta
Cheiro a amplidão
Pastava o gado
De girassol
Livre da canga
No capinzal
Papel colado
Flores de manga
Nuvens de sal
Suor bombacho
Trincando o céu
Alaga e alonga
A terra em cacho
Supina em baixo
Do meu chapéu
Gosto de Alzira
Sono araponga

Meu alô é a respeito de um homem chamado Roque

É o engenho de três paus
Roque
Roque
Roque
É você Roque
Tumbeiro desamarra
Nas narinas rasgadas
Do açoite limpo do sol estalado
Na carapinha verde do sal açoitado
Na água sem assombração
Na água sem louvado
Que não tem lado nem fundo
Não tem de pé nem deitado
Pro seu corpo macio de Alufá
Gostoso de vento e de lua
Gritava iemanjá lá de baixo
De dentro de meu avô
Me dá a cabeça na mão
Marabú
Pai de Santo
Roque Nagô
Roque Cabinda
Roque Haussá
Na barriga da rajada
Principiava o céu estrelejante a ficar lindo
Para as bandas de lá
Penteando os ombros virgens do outro mundo
Na crosta lívida

Das tartarugas assopradas
No sem sono branco da noite
Os coqueirais subiam nos leques
Desfraldando no sereno
O pálio ancorado dos guarda-sóis
Todos ressuscitaram a cabeça
Para o batismo cristão
Erguendo os braços
Nos dedos abertos como palmas
Carregando as pernas
Soltas das ancas como promessas
Subiram assim de dentro do mar morno
Entraram todos na terra do senhor
E escreveram
Na praia da eternidade sem retorno
Seu rastro continental
Roque de Moçambique
Roque da Guiné
Roque de Angola
Roque de Ajudá
É você Roque?
É o engenho de três paus
Que não tem lado nem fundo
Nem dormindo
Nem louvado
Pro seu corpo macio de Alufá
Cana de moenda
Está melando
No sovaco alambique
Sob o açoite do sol pingando
Girando como uma argola
Dos reinos desencantados

Cheios de vida e de morte
Na tromba dos elefantes assassinados
Vieram três reis vendidos
Vieram três reis comprados
Um do centro
Um do sul
Um do norte
É o engenho virando de três paus
No oco do crânio de uma cuíca
No rombo de uma purunga
No olho cego de um poço
Cana de moenda se enrola
No corpo que ela engoliu
Poreja raça e catinga
Sob o açoite do sol vertido
Girando como uma argola
Madurando o amor do estio
Nos beiços das mangas de Itamaracá
Era um canto de lá
Que vinha no seio da lua de leite atroando
Que arfava na gamela
E comia as cinco bocas de bruço atroando
Que no terreiro
Era o bode era o santo era orixá atroando
Que na senzala
Sem lado
Sem fundo
Sem dormindo
Sem louvado
Pro seu corpo macio de Alufá
Soava atroando
A escuridão deu nó na minha tripa

De massapé e de litoral
Espedacei nos meus ossos ajuntados
As praias da eternidade sem retorno
Que não enxugava a vista
Da separação do mar
Era um canto anoitecido
Atravessando a terra que eu carpi secularmente
Era um canto anoitecido
Num embalo de charco
Que varava pelas frinchas
E entrava ventando pela carapinha
Era um canto anoitecido
Num embalo de aluvião
Que apartava o chão da mata
A mata da montanha
A montanha dos rios
Minha sombra atirou-se nos rombos que alumiavam clarões
Deixando-se aos pedaços
Nas pontas dos arcabuzes
Varou pelo quem sabe que ficava além das serras
Flori no imbuzeiro
Flori no mandacaru
Meu corpo se rasgou em dois como um tesouro
Nos grampos da catanduva
Que de braços abertos clamava do chão ao céu sem lei
De novo fechei nas mãos
Pisei com o meu ventre as pupilas da morte
Soprei os horizontes
Depois foi que eu sorvi a boca matutina
Da tapuia cheia do leite vertido no talo
Nos caminhos do corpo engalhado de Iracema
Com dormindo

Com louvado
Pr'este corpo macio de Alufá
Gostoso de vento e de lua
De novo fechei nas mãos
Pisei com o meu ventre as pupilas da morte
Soprei os horizontes

Adolescente

Um arrepio mal sentido no peito
Entre a garganta e o coração
Uma espécie de frio
Que devia descer pelas veias dos ombros
Enquanto o bafo de sua boca
Como um murmúrio
Palpasse minha cintura contraída
Que eu devia sentir
No enfraquecimento das pernas
Aconchegado no meu sexo indefeso
Nos bicos dos seios prometidos
Um arrepio mal sentido
Entre a garganta e o coração
Uma espécie de frio
Que devia passar como uma vibração
Do meu corpo para o espaço
E acender lantejoulas
E engolir a amplidão
Um arrepio mal sentido no peito
Entre a garganta e o coração
Uma espécie de frio
Que não teve arremessos
Minha cabeça é o prato de uma balança cheia de pesos
Em minhas mãos se debate
A certeza dos meus órgãos funcionando
Dos meus nervos funcionando
Um arrepio mal sentido
Entre a garganta e o coração
Uma espécie de frio

Sem ruído
Monoplano
Que atingiria o leito macio
Das montanhas brancas
Amontoadas nas nuvens
Um arrepio mal sentido
Entre a garganta e o coração
Uma espécie de frio
Que teve que morrer
Como morrem os fuzilados
Sabendo que vão morrer
Sentindo a prisão da parede por trás
O ódio pela frente
A cabeça como o prato de uma balança cheia de pesos
Como morrem os fuzilados
Sabendo que vão morrer
Um arrepio mal sentido
No peito
Entre a garganta e o coração
Uma espécie de frio
Gestando uma vida
Que se desdobraria em ondas de outras vidas
Se tornaria o mar
Engoliria todos os peixes
De lantejoulas
Minha cabeça é o prato de uma balança cheia de pesos
Entre a garganta e o coração
Um arrepio mal sentido
Uma espécie de frio
Eu quero a espada de fogo
Cavaleiro São Jorge
Eu quero a liberação

Salomé
Corta minha cabeça rente dos ombros
Meu corpo desarvorado
Alcançará o mar
Engolirá todos os peixes
De lantejoulas
Engolirá o espaço
Engolirá as estrelas
O céu de Cristo
Pregado numa cruz
E as lágrimas dos homens

Variação sobre o "Pai do Mato"

No intervalo
Fomos festejar o bailarino
Que estava suando
Sem emoção
Disse que não estava nos seus bons dias
E queixou-se da casa vazia
Ah! — a casa estava vazia

Que diferença de atitude
Quando o teatro estava cheio
No intervalo
Fomos festejar o bailarino
Ele ficou emocionado
Disse que tinha a alma carregada de ritmos
Ah! sua alma estava carregada de ritmos

O *dragão*

Na viagem da saudade
Quando não é mais dia
Quando ainda não é noite
Saudade da noite
Saudade do dia
Querendo o dia
Querendo a noite
Sabendo que a noite existe
Que o dia existe
Que as noites
E os dias
Se acabam

O trem passou na viagem da saudade
Triturando nas engrenagens
A paixão

Fazia tanto barulho
Soprava pelas ventas
Como o dragão de Siegfried
Mas todos nós estamos habituados
Com o Brasil a vapor

As mulheres escoradas da linha da saudade
Das casas de pau a pique
De costas pela estrada
Sem olhar
Os campos
A terra — o céu — a amplidão

De mão na cintura
A outra mão estirada
Esquecidas
Repousantes de não ter nada

As rodas do trem mastigavam a paixão
Na linha da saudade
Quando já não é mais dia
Quando ainda não é noite
Saudade da noite
Saudade do dia
Querendo o dia
Querendo a noite
Sabendo que a noite existe
Que o dia existe
Que as noites terminam nos dias
Que os dias nas noites terminam

Os vaga-lumes riscam os brejos verdes
Os grilos
E os sapos
Suspiram como liras

Tudo ficou dor de cinza
Cheia de escuridão
Cheia de claridade
Na viagem do Dragão

Mãe gentil

O rio sem barrancos
O céu além do espaço
Os horizontes circulares
O meio-dia
Copulavam dentro dela
Faminta exuberância de todos os dias
Rebrotava-a
Cor de rosa de sertão por dentro

Como um sapo estercado
No coro poente das ave-marias
Do eco do abismo hermafrodita
Beijando-lhe as mansas feridas
Como se fossem pombas madonas
Como se fossem o arco-íris
As borboletas
As borboletas do Brasil
Mãe gentil
Sopravam o vidro vegetal
A barriga bojuda do rio sem margem
Extravasava nela a saciedade dos instintos
Sobre duas estacas tortas
Que mais pareciam
O filho de Deus sobre as ondas
Andrajo arrebol
A terra gestando
E outro no braço
E outro filho na mão
E outros muitos fechados nas covas
E quantos quisesse
No sexo caudaloso do seu homem
Com o rio enfunado do Brasil sem margem
Com as tempestades do Brasil que enterram o céu no chão
Com o pôr do sol pau Brasil
Com a floresta do Brasil
Que come a terra do Brasil
Ela copulava
Sapo estercado
Nas fauces da exuberância
Vida montanha no avesso da morte
Por isso que os seus olhos eram tracoma

Eram cuspo sem fundo
Eram as furnas do jaguar
Nisso a tarde parava
As borboletas do Brasil
Mãe gentil
Vinham coroar-lhe as feridas mansas
Pousar-lhe na papeira
Como se fossem madonas
Como se fossem o arco-íris
Como se fossem pombas

Amar

Na apagada frescura da tarde
Minha felicidade se atira
Do sétimo andar

Nenhuma ânsia de aventura
Faz cupim na minha vida

Que mais eu quero
Já moro
Já tenho casa
Já tenho mar

Quanta vida de estribo de bonde
Passa lá fora
Desassossegando
A dignidade
De quem tem casa
De quem tem mar

Pudessem todos que eu vejo agora
Da cidade e do morro
Na apagada frescura da tarde
Sossegar

Dizer comigo
Que mais eu quero
Já moro
Já tenho casa
Já tenho mar

Iguape

Porto naufragado
Na maré baixa
Do mar que só molha em Icapara

Meca sem banco
Sem mercado
E sem arroz
Entre a geografia escassa
E o império japonês de Registo por trás

Os romeiros
De Blumenau
De Curitiba
Das Minas Gerais
De Santos
Desbravam no lodo
Da taboa sem espigas
A estrada que sobe e desce
E esburaca sobre as estivas
Os caboclos
Por quatrocentos réis
Tiram o forde do charco de que é feita a sua carne

A cauda avança na peregrinação
Metendo a cara
Pelos domínios milagreiros
De São Bom Jesus de Iguape

Vigias coloniais das torres que sobem
A igreja solitária vela
Chorando nas suas naves
Marujos e caravelas
Que outrora via portar

Os sinos gritam:
Descem os serraçumanos
De vestido verde
De vestido alaranjado
De vestido amaravilha

Os caiçaras secam
A barbicha rala

No vento que vem do mar
Que o Santo mandou

São Bom Jesus de Iguape
Por cima do cofre de 14 metros
Está esperando a nota
Escorrido no altar

O santo espera
Os serraçumanos esperam
O caiçara também

Só o dono amarelo de Registo
Freta caminhões

Ramos enfeitam a entrada dos andores
Dos crentes viajados
Oito
Quinze dias antes

Pelo rio
A cavalo
De avião
A pé
A caminhão
De todos os cantos da terra nacional
O japonês quer que eu lhe venda a terra
Minha filha sofreu mordedura de cobra
Meu papo nunca para de crescer
São Bom Jesus de Iguape
Que faz a criança sem pernas andar
Que faz pobre ter sempre esmola pra dar

Que governa
Socorre nóis

Ele desta vez não passeia na rua
Isso é só de 7 em 7 anos
É pecado dizer que ele tem
As pernas e os braços de mulher roliça

Até o Antônio
Que ronca prosa
Não acredita em reza
Beijou o pé do santo
Ajoelhou
Fez o pelo sinal
Pôs uma prata no cofre

Acendeu uma caixa inteirinha de velas
A mulher dele
A que morreu — coitada
Queria tanto
Beijar a imagem
Do milagreiro
São Bom Jesus de Iguape

Só o dono amarelo de Registo
Não beija a imagem
Não dá dinheiro pra imagem
Não acende vela pra imagem
Mas já se batizou cortês
Porque sua religião
De conquistador xintoísta
Tem sempre um altar vazio para o Deus desconhecido

O turco vende terços coloridos
De tostão por dois mil réis
Para o caboclo orar
São Bom Jesus de Iguape
Que governa
Socorre nóis

— Que vocês plantam?
— Rama
— Que vocês comem?
— Rama

A banda anuncia a procissão
Pendurados num bambu
Os olhos da mulher
São lâmpadas de óleo
No rosto noturno
— E os filhos?
— Só estes 3 fiotinho
　Morreu nove
— Já vão na escola?
— Lá num teim

Canta o povo inocente do Brasil
Levantando estandartes
Sob o céu líquido

Quem vai na escola é o xintoísta
Das 6 horas da manhã
Até às 4 da tarde
Aprender

Na língua que brasileiro não compreende
A instrução moral e cívica
Do seu país superlotado

O sino
As torres
Meca sem banco
Porto naufragado

Paixão

São dois poços
É preciso
Balde
Corda
Roldana
O balde quando toca o fundo
Vê estrelas no céu
Fincadas nas cinco pontas de pé
São os poços profundos
Que me acompanham
Que em mim se dilatam
Quebrados
Para onde vamos
Eu quero sim eu quero
Quando ninguém vê
A corda a roldana o balde
Se enfurecem
À tona d'água enfurecida
Depois nas portas
Pregados nos batentes
Como mercadorias
Curvando-se nas órbitas
Parados nas órbitas de pé
E se dilatam vidrados
Cheirando a ranço
De desejos coagulados
Quando ninguém vê
As cadeiras têm pernas roliças
Os gargalos são roliços

As velas seriam roliças
No tato de minha mão
Quando ninguém vê
Nos desertos sem camelos
Atravessam 25 anos de fé
Revirando-se nas órbitas
E se dilatam vidrados
Nos viajantes
Deve ser o que lá vai
Para terras distantes
Para os mares distantes
Onde ninguém vê
Nos batentes
Como mercadorias
Como baldes e cordas
Como abrolhos vertidos
São dois poços profundos
Vêm corpos nus no céu alto de pé
A igreja está fechada
A moral se apagou nos lençóis paternos
Quando a cidade se despiu
As garrafas têm gargalos abertos e estreitos
As cabras berram nos quintais
As velas são roliças
E entram nos castiçais de pé
Por isso que depois
Parados nas órbitas
Em mim se dilatam
Pegajosos
Nos viajantes
Nas terras distantes
Nos mares distantes
Onde ninguém vê

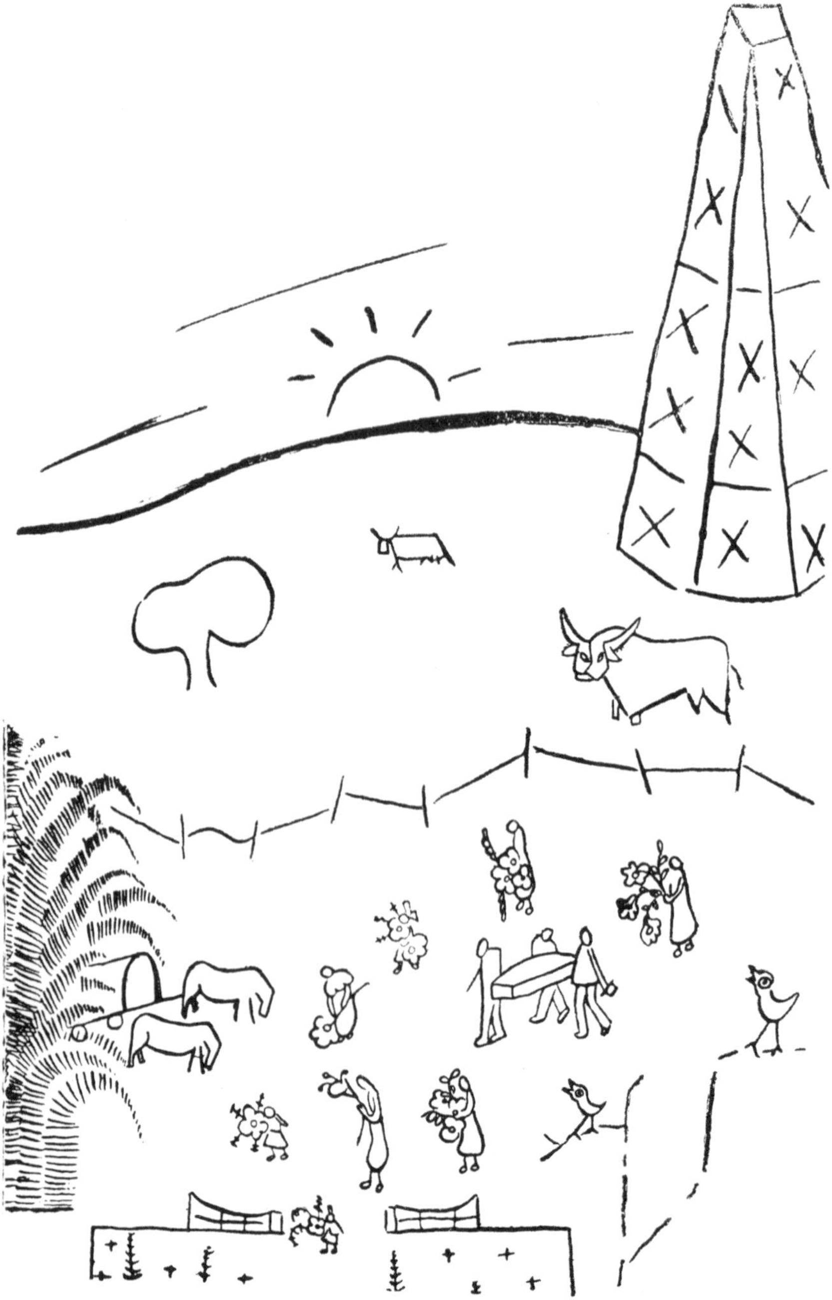

A morte do poeta

Duas coroas pisadas
Boiaram nas olheiras do caixão
Na sua carne lívida
O sol machucava
As poças do último poente

Cortando o choro literário das mulheres
Que o cadáver só conhecia de vista
Os oradores cuspiram a encomendação necrológica
No ventre da cova
Uma papoula desprendeu-se no meio dos vermes
"Foi poeta sonhou e amou na vida"

Para os olhos insensíveis
Das ilustrações
Os contornos mancharam desenhos
Massas próximas se distribuíram coloridas
Viam-se os dedos trançados sobre os ossos
As flores bordando a magreza humilhada
O enterro torcido sobre a morte

O cadáver exalou dores apodrecidas

Do cemitério
Nem uma cruz aflita
O único vestígio das sepulturas sem dono
Eram as chapas de alumínio
Que cabeceavam o sono eterno
Umas árvores sem nome

Iguais
Iguais
Iguais
Varavam no corpo nu de martírio
Seis pares de braços misericordiosos
"Foi poeta sonhou e amou na vida"

O sol exangue de seu estro sepultado
Vertia o último poente
As proporções da clemência
Ungiram a enormidade
Como uma papoula desprendida dos vermes
A poesia ilesa
Atingiu a aeronáutica
A sonda despencando
Os fios condutores
Dos caminhos cruzados

O lirismo sem voz
Voltou sob as patas do enterro capitalista
Esgotado o último disfarce
Quando a terra comeu para sempre a carne do poeta

Para aqueles que eram os esquecidos
Porque não sabiam ler
O pânico demorava o tempo
E crescia à medida que a cidade vinha ao seu encontro

Quiseram também ir no enterro rumoroso
Mas voltaram calados
Penetraram angustiados
Que não fora só de doença

Que não fora só de fome...
"Foi poeta sonhou e amou na vida"
Teriam eles a possibilidade
De aniquilar-se como o poeta?

Crescia o pânico
Quanto mais os homens esquecidos
Se apoderavam do pavor
Os animais pasmos
Pastavam
Nem diziam pelos olhos frios
De outra coisa se morre
A câmara lenta
Da angústia
Demorava a cidade
A sonda metrificada

Contrapunha no espaço
Hieróglifos
Contraponto de ritmos livres

De outra coisa se morre
Diziam os surpreendidos
Pelos passos enormes

O dono da jardineira Beija-mim Beija-tu Beija-mão

Apostando com os passarinhos
O queixo das velhas emigradas
Abundantes de anos desta pátria
Fazem cair as lâmpadas
Do teto no caixão
A jardineira
Não leva flores não
Leva o cenário hasteado
E os seus rebentos
Ditos e verdadeiros da nação
Os coqueirais varriam as palmas
A tempestade por cima
Juntou o céu
Claro de bolhas de sabão
Na melancia do chão
Pelas janelas abertas
De Beija-mim Beija-tu Beija-mão
Sopra um adeus amplidão
Voa revoa no pasto
Bate na costa do boi
Monta no caipira
Esporeia cócegas
Dá muita risada
Faz até sermão
É nuvem que o vento engorda
Levando pelos cabelos
São maritacas fugindo
Pega o carro na rabeira

Dispara
E quando um vulto aparece
Entra outra vez na mão de Beija-mim
Olhos de chocalho
Partidos dentro do peito
Tossiram um eco de repercussão
Que o relógio pulseira de civilizada
Não gostou
Então
O breque
Os pneus
A capota
A cerca
A população
Gritaram — pode parar ali
A velha artigo nacional
Que tinha uma ferida de cuspo
Lambida no beiço
E um gigante no coração
Falou
Até outro dia Nhá Maria
Até outro dia prá meceis tudo
Mas a gasolina
De Beija-mim Beija-tu Beija-mão
Esfriou no radiador
Quantas vezes já avisei
Que o preço é um só em vão
Se espera uns diinho nóis paga
Eu decerto era turista
O relógio pulseira era de importação
Ambos um para o outro
Trocamos um olhar laço de fita

Os japoneses sim
Nem veem o outro japonês pouca batata
Carranca de burguês
Sem mikado
Sem irmão

Ah! pelas janelas sem folha de Benja-mim
O adeus tolerância de amplidão rasgado
Beija-mim Beija-tu Beija-mão
Será um dia coroado na estrada

Voa e atinge
Como o laço do vaqueiro
Como o anzol da religião
Beija o céu
Deita o chapéu no chão
É um badalo de Igreja no domingo
Leva o cenário hasteado
Buzina
Entra outra vez na mão de Beija-mim

Modinha para violão

Há quinze anos passado
Maria a que estende roupa na janela
Tinha um marido que ficou soldado

Gotas de sombra amarela
Dançam no olhar de distância
Aquele homem sim gostava dela

Trazia todo o ordenado
Ela desrecalcava privações da infância
Ele ficava achado

Seu coração se aperta em ânsia
Perdido o bem-estar de um destino cortado

Maria cujo olhar é feito de distância
Tinha um marido que ficou soldado

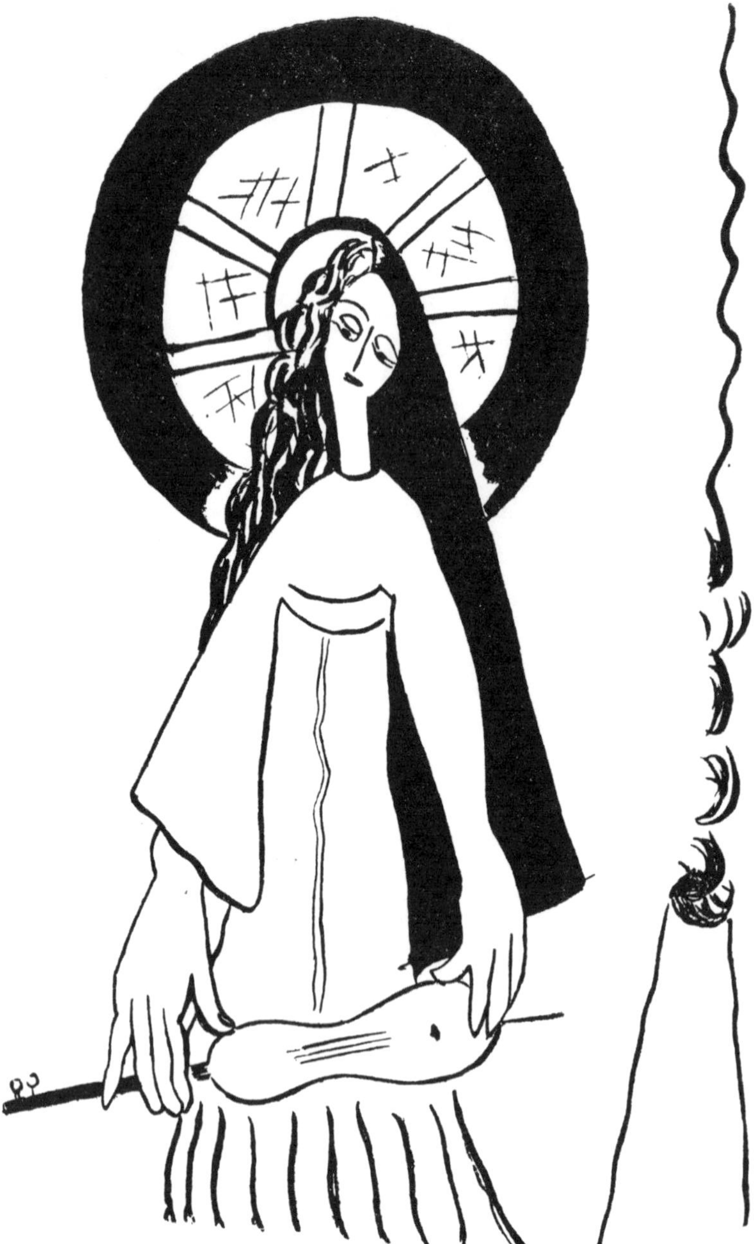

Epopeia artesanal transoceânica de Qualazapa

Na porta do botequim
Não era botequim
Era funileiro
Não era funileiro
Era remendão
Não era remendão
Era quinquilharia
Não era quinquilharia
Era o homem sem ofício
Dos muitos benefícios
Ele viera
Viera
Viera
Até que enfim
Chegara sem seu violino
E ali assentou na praça
Sem naturalização
Fez tudo que podia
Ferrou burro na olaria
Com aros de carroça
Amassou pão
E era sem voltar para trás
Com "fiado só amanhã"
Na porta do botequim
Não era botequim
Era funileiro
Não era funileiro
Era remendão

Não era remendão
Era quinquilharia
Não era quinquilharia
Era o Cruzeiro do Sul
Numa ponta um filho padre
Noutra estrela outro doutor
Duas filhas professoras
Com casamentos ilustrados
E no seu país natal
Lá onde o sol às vezes nasce
E às vezes também não nasce
Fechando a constelação
Um túmulo de cristal
Com uma estátua que fica de pé
Com um violino deitado
Uma roda bem arredondada
E uma chaminé
Ele viera
Viera
Viera
O mar que é maior do que isto tudo
Fica entre a Itália e o Brasil

Foram buscar a Iara no sertão dos seus avós

Que fazer quando Deus quer flagelo — Maria?
Eu tenho dentro do corpo
E nos cabelos do corpo
Quatro estações num só dia
Oh! saudade soberana
Nem era a totalidade
Daquilo que eu não queria
Vi depois o mar molhado
Molhando as chuvas serenas
Que o céu chovia
Chovia na minha mão
Eu entrei dentro da chuva
E afoguei dentro do mar
Minha leva de esperança
Que eu já não podia
Minha mãe dava amizade
Meu cajueiro caju
Eu tenho dentro do corpo
E nos cabelos do corpo
Quatro estações num só dia
Vi a pomba da migração
Num galho seco
Gritando Maria
Maria — que fazer quando Deus quer flagelo?
Tive um filho do meu sangue
Que eu rezava que morresse
Morresse era o que eu queria
Minha mãe dava amizade
Meu cajueiro caju

Eu dou o mato de espinho
Que de fora entra pra dentro
Quando em março a terra abria
Nem era a totalidade
Daquilo que eu não queria
Eu tenho dentro do corpo
E nos cabelos do corpo
Quatro estações num só dia
Oh! saudade soberana
Aqui dizem que não vale
Casamento só de Igreja
Lá valia
Vendo o mar depois molhado
Foi quando o mar se enxugou
Abri os braços pro céu
Que não me via
Deus não quer senão flagelo
Pra tua sina Maria
Comi caranguejo vivo
Na praia da boa volta
Quando era muito criança
E me casei
Você também casaria
Vim na leva da esperança
Aqui dizem que não vale
Casamento só de Igreja
Só isso que lá valia
Os santos rolaram por cima de mim
Vi depois o mar enxuto
Pejado de embarcação
Eu era a pomba voando
Que nunca mais voltaria

Oh! saudade soberana
Nem era a totalidade
Daquilo que eu não queria
Minha mãe dava amizade
Meu cajueiro caju
Eu tenho dentro do corpo
E nos cabelos do corpo
Quatro estações num só dia
As sombras que me buscavam
As sombras que eu perseguia
Carregando nos meus ombros
Com as pedras dos caminhos
Os meus pés secando abertos
Nas catanduvas fechadas
Que eu queria
Velas que o vento acendia
No rastilho sem pousada
Das léguas da procissão
Oh! saudade soberana
Vi depois o mar molhado
Pejado de embarcação
Eu pensei que era siriema
Entrei na chuva do mar
Pra apagar meu coração
Quando o mar já não chovia
Nem era a totalidade
Daquilo que eu não queria
Vim na leva da esperança
Eu tenho dentro do corpo
E nos cabelos do corpo
Quatro estações num só dia
Os postes me olham parados

Só a lâmpada me alumia
Que fazer contra o flagelo Maria
Tive um filho do meu sangue
Que eu queria que morresse
Morresse era o que eu queria
Com quatro noites de parto
A barriga desmanchada
Sentei na rua sem portas
Que não era a da alegria
Vi depois o mar molhado
E pensei que era siriema
Abri os braços pro céu
Que não me ouvia
Os postes me olham parados
Só a lâmpada me alumia
Minha mãe dava amizade
Meu cajueiro caju
Eu tenho dentro do corpo
E nos cabelos do corpo
Quatro estações num só dia
Nem era a totalidade
Daquilo que eu não queria
Oh! saudade soberana
É o teu flagelo Maria

Eco

O artista pensa
Pelas suas ogivas que desfolha a tarde
No longínquo horizonte
Que não é o horizonte da vida

O artista afoita-se
Pelas suas corolas
Olhando os instintos
Que se abrem nas conchas
E põe os cabelos ao vento

O artista chora
Pelas suas raízes
As cegueiras milenárias
Quando as lâmpadas nos castiçais de cem velas
Acendem o olho de Deus

O artista falece
Palpando os inchaços
Que deformam a pureza
Quando ela se sacode à flor da terra
Como duas mãos atadas

O artista cresce
Acima dos ombros vazios
E há distâncias eternas
Nas sombras que se esguiciram sossegadas

Uma serpente
Dorme na sua garganta

Jogados nas veredas
Quando a pureza se sacode à flor da terra
Como duas mãos atadas
Os aleijados pedem esmolas
Outras serpentes desenroscadas
Sobem pelos seus braços descarnados
Ouve-se a desesperança cheia de corvos
Só o grito do poeta
Acordará para a ressurreição

Abuelita

— *Mi Julia*
Espigado na flor da madrugada
O cheiro do arrozal madurava-lhe a voz
Curta é a vida
Descoberta do céu ao tocável livor
— *Mi cago em Dios* em ouro subia a blasfêmia
Psalmodiando poemas
E óculos
No beijo humoral das folhas embebida
— *Mi Julia*
Que alívio que eu sentia aí em privar com elas
As quatro peregrinas pétalas
Das angelinas rosas tapa-culos
Meu sarampo em botão crestava sóis no pasto
Bentevi-bem-te-vi
— *Mi Julia*
Curta é a vida
Diáfano cós
Da chuva sem oragos nas blandícias
Com pressa muita pressa negra enrolada em gazes
Os porcos têm fome coitados
O alfange a mão o saco
Ah! o meu êxtase
Me esperarão as onças na subida
— *Mi Julia*

O moinho que não era moinho de vento

O apito lírico da fábrica
Já não pode ser explorado
Pelo poeta modernista
Pelo romancista de massa
Pelo demagogo
O operário
Tipo barqueiro do Volga
Sem folga fora das greves
Sugado nos pentes
Nas engrenagens
Já não pode ser explorado
Pelo poeta modernista
Pelo romancista de massa
Pelo demagogo

Nas salas desertas
Sete andares um sobre o outro
Lá na torre misteriosa
Passeia o químico
Vestido todo de branco
Como uma enfermeira ingênua
Como uma filha de Maria
Como uma garça
Flanando sobre o barranco

A fábrica é um navio
Pronto para largar
Na paisagem seca
Um navio sem porão

Sem fumo
Sem carvão

Na arquitetura dura
De sonho sádico
De traves maciças
Arremessadas da altura
Partidos os mastros
Trombas metálicas se amam
Ligando almas de elefantes no arcabouço

De vez em quando
Por entre os cérebros
Armados no autômato de aço
Sem carnes doloridas
Só engrenagens e ossos

Com braços
Pernas
Pescoço
E a compostura de trapistas
Numa oração materialista
De vez em quando
O químico
Sobre solas de borracha
Flana
Como uma garça narcisista
Capitaneando o horizonte rítmico

Contra a torre de marfim
Onde o novo senhor sem servos
Concentra 15.000 contos

De personalidade
Metálica e sem nervos
Outra maior se levantou
Que também era um mar
E aos ventos se lançou

Punham Jesus na frente
Para que o mar parasse
E o mar o naufragou
Punham sinos gemendo
E o barulho do mar
O barulho dos sinos suplantou

Não era um
Não eram dois
Não eram três
Era um bloco de avalanche
Que também era um mar
E em torres se avolumou
Não depredaram
Não arrasaram
Deram calado ao navio
Sete andares um sobre o outro
Onde o químico de branco
Flanava como uma garça
Deram calado ao navio
E o navio desamarrou
Um navio sem porão
Sem fumo
Sem carvão

Deram calado ao moinho
E o moinho desamarrou
Entre os vivas das crianças
Pelo mundo sem distâncias
Hasteando
A parábola do pão
Na proa sem bandeira

Poesia

> *É a descoberta das coisas que nunca vi*
> Pau Brasil

Poesia
É compreender pelos cinco sentidos humildes
Não ficar nunca na lógica formal
Nunca
Preso ao número de palavras
Que devem compor um pensamento
Nem mesmo ao sentido das palavras

É compreender-lhes a essência
Que varia sempre
Varia conforme a luz
Conforme o ambiente
Conforme a boca que a pronuncia
Poesia é compreender pelos cinco sentidos humildes
E não exige cátedra
Porque há os que compreendem
Sem nunca terem visto nem ouvido
Como são os que têm fé
Sem nunca terem visto
Nem ouvido
Poesia não é vaidade
Poesia não é sabedoria
Nem erudição
Nem gramática
Nem a riqueza da língua
Poesia é outra coisa
Dentro e fora dos cinco sentidos
Humilde
Não levando nenhum vocabulário
Codificado
Como chave da emoção
Do entendimento
É estar sempre pura como se nasceu
Abrir os olhos de recém-nascido
Fora de toda dúvida
Fora de toda certeza
Como água do rio
Refletindo
Passando no espetáculo
Sem acumular nenhum cabedal de experiência

Transparente e livre
Poesia é a humilde surpresa
Não tem nenhuma vontade
De acertar
Não quer ter gênio
Não quer doutrinar
Sem saber o que é bom
Sem saber o que é ruim
Descer ao fundo do mar sem escafandro
Gostando dos peixes que não entendem nada
Descer ao fundo da multidão
Gostando das crianças que não entendem nada
Subir do fundo da multidão
Gostando dos adultos
Que não entendem tudo
Ir refletindo tudo na sua carne como se fosse água
Ser como vidro molhado que o sol atravessa

# Anexos

TEXTOS ESPARSOS

Os textos desta seção foram publicados em periódicos:

"Água-forte", *Revista do Brasil*, ano IV, 3ª fase, nº 31, janeiro de 1941.

"Vendedor de jornais", *Dom Casmurro* nº 149, 18/5/1940.

"O gigante que não tinha com quem conversar", *Revista Acadêmica* nº 36, junho de 1938.

Água-forte

Seria para mim como ir colhendo flor
Na campina molhada
Rosas brancas perfumando a morte
Tristeza desfolhada
Que ninguém conheceu.

Quando houver cinza e lilás nos céus diáfanos
Da madrugada
Sofre só para mim
Meu corpo sem perdão
Possuído como um traço
Nas mãos da tristeza.

Seria para mim como lavar meu rosto em algas
Ir nas ondas das ancas de um centauro
Olhem o mar.

Quando houver cinza e lilás nos céus diáfanos
Da madrugada
Sofre só para mim.
Meu corpo sem perdão
Cheira a inocência desenterrada
Seria como ir colhendo flor
O amor dos passarinhos bica no bico dos seios
Da campina aquosa.

Tristeza rosa branca desfolhada
Que ninguém conheceu

Nem você
Nem eu
Só Pablo Picasso.

Olhem a madrugada.

Vendedor de jornais

De que entranhas da cidade vieste criança
Fora da beleza, fora do nome, fora da voz, fora do consolo
Pairas ausente no inferno sem fronteiras da inocência

Testemunho da impiedade e do profano
No beiral em que Deus te pôs de guarda
A pedra do canto de esquina em que laboras
A chuva e o sol em tua face
O vento vivificando tua cabeleira
Animam-se sensíveis
Quando a leveza dos teus pés ali aflora
Carregada do peso de seus arcanos

Fosses irreal como a cortina do templo
Bezerro de ouro para o povo de Israel
Mito, oráculo, símbolo, cetro, instituição
Não estarias ofertado em pânico
No ergástulo da rua

Ninguém vê
Dos que, de olhos abertos, passam pela tua fome
Que coniventes se cumpliciam na tua carne
A morte e a vida

Fora da beleza, fora do nome, fora da voz, fora do consolo,
      [fora da inocência

Matarias tua mãe e tua pátria
Se te ausentasses um segundo

Para o inferno limitado da verdade

De que entranhas de beata vieste anjo
Para que se cumpra em ti
A inadvertência.

O gigante que não tinha com quem conversar

O gigante era que nem gente mesmo: com bigode, pernas muito longas e cabeludas e um olhar de tigre. E sentia no peito a força de um homem: força que pode com a terra, que pode com a atmosfera, que pode com o oceano!

Em oito dias ele corria o mundo com seu passo de voo que tem o comprimento do Pacífico.

Correndo o mundo ele via tudo:
Mil conchas diferentes, mil conchas iguais;
mil árvores diferentes, mil árvores iguais;
mil mamíferos diferentes, mil mamíferos iguais.
Correndo o mundo ele via tudo:
Mil insetos diferentes, mil insetos iguais;
mil répteis diferentes, mil répteis iguais;
mil peixes diferentes, mil peixes iguais.
Correndo o mundo ele via tudo:
Mil flores diferentes, mil flores iguais;
mil frutos diferentes, mil frutos iguais;
mil árvores diferentes, mil árvores iguais.

O gigante de pernas cabeludas e muito longas, olhar de tigre, vivia numa corrida permanente pelo mundo e nunca vira nem um gigante igual a ele, nem um gigante diferente dele. De gigante era 1 sozinho dentro do mundo.

O mundo era entretanto tão grande, tão largo, tão largo que ainda dois milhões de gigantes iguais a ele, deitados sobre o chão, não tapariam o mundo.

O gigante já estava cansado de percorrer a terra e ver todas as suas maravilhas.

Sentia vontade de morrer porque não tinha com quem conversar.

Mas um gigante como é que há de se matar? Quando ele se atirava no mar a mão dele ia até o fundo do mar sozinha e ele ficava de fora enxuto. Quando ele se atirava para cima, a mão dele ia até o alto do céu sozinha e ele não podia se matar dependurando-se nas estrelas e se atirando de novo ao chão, porque diante de seu tamanho tudo ficava pequeno e baixo.

Um gigante como é que se vai matar?

Nessa hora estava na sua frente uma flor branca de poucas pétalas que se fechava e se abria conforme o calor. O gigante começou então a brincar com a flor para se distrair, pôs um bafo quente de sua boca quente, que nem um sopro de forno, em cima da flor fechada. A flor achou até graça no gigante e desabrochou pra ele ver bem de perto.

Quando viu a flor aberta, o gigante sentiu a força que pode com o oceano, que pode com a terra, que pode com a atmosfera. Ele reparou no seu jeito de gente com bigodes, pernas muito longas e cabeludas, um olhar de tigre; sentiu pelo corpo um arrepio de serra serrando e fabricou ele mesmo uma gotinha de água diferente da água do mar, diferente da água do rio, diferente da água da chuva.

Sua mão era muito pesada para pegar um pingo de água.

Sua mão era muito pesada para pegar numa flor.

Então ele achou um bambu comprido que nem vara de pescar e pegou nele. Deixou o pingo de água escorrer bem pra ponta da vara e enfiou a cara dentro da flor, bem no fundo da flor e pingou outra vez que nem lágrima a gotinha d'água diferente da água do mar, diferente da água do rio, diferente da água da chuva, bem no fundo do cálice da flor.

A quentura do bafo já tinha passado: a flor sentia frio e se fechou.

O gigante não pensava mais em morrer: sua tristeza tinha passado.

A história da flor que conheceu o gigante

Era outono!
A flor que conhecia o gigante morava no caminho do mar. No meio da floresta. Num rio que chamava: o rio das amazonas.
Era outono. Fazia muito calor assim mesmo.
A flor depois que tinha visto o gigante, nem dormindo nunca mais o esqueceu. Sentia sempre o bafo quente de sua boca quente que nem um sopro de forno em cima dela. Ia ver não era verdade ainda. Tinha sonhado outra vez.
Mas enquanto isto acontecia, a gota de água que o gigante tinha deixado cair dentro dela parecia que crescia. E crescia mesmo. E a flor também crescia.
O rio já estava ficando pequeno para a flor. Só havia um jeito: era correr bem depressa e alcançar o mar. Flor e rio levaram três meses procurando o mar até que afinal acharam.
Depois de três meses já não era mais outono. Era inverno no mar.
E a flor ainda não tinha se esquecido do gigante. Também, pudera! A gota de água crescia fechada lá dentro dela. Crescia mesmo. E a flor, coitada, também crescia.
Três meses o rio e a flor navegaram no mar procurando o gigante em todos os cantos do mundo. Mas quando eles iam para a China, o gigante sem saber vinha para o Brasil. E quando eles vinham ao Brasil, o gigante sem querer já tinha viajado à África. E quando eles iam para a África, o gigante sem saber, nessa hora já estava bem no coração da Europa. E quando eles iam para a Europa, o gigante sem saber nessa hora chegava na Austrália.
Três meses de todas as estações a flor e o rio navegaram pelo mundo inteiro atrás do gigante.
Mas nada de encontrar o gigante!
Depois de três meses pararam.

Mil conchas diferentes, mil conchas iguais — Tudo gritava: primavera! primavera!
Mil aves diferentes, mil aves iguais — Tudo gritava: primavera! primavera!
Mil mamíferos diferentes, mil mamíferos iguais — Tudo gritava: primavera! primavera!
Mil insetos diferentes, mil insetos iguais — Tudo gritava: primavera! primavera!
Mil répteis diferentes, mil répteis iguais — Tudo gritava: primavera! primavera!
Mil peixes diferentes, mil peixes iguais — Tudo gritava: primavera! primavera!
Mil flores diferentes, mil flores iguais — Tudo gritava: primavera! primavera!
Mil árvores diferentes, mil árvores iguais — Tudo gritava: primavera! primavera!

A primavera é a estação da flor. Por isso a flor quis ficar alegre mas não pôde. Também pudera: lhe parecia que ia arrebentar. A gota de água que o gigante tinha deixado cair dentro dela tinha crescido tanto que lhe parecia que ia arrebentar.

Pobre da flor!

O céu estava azul.

Alto-mar!

Meio-dia!

Ela contava nas pétalas quanto tempo fazia que tinha visto o gigante pela primeira e última vez. Contou: outono, inverno e primavera. Três meses, mais três meses, mais três meses. Quanto? Nove meses foi o que a flor contou. Fazia nove meses que ela tinha visto o gigante pela primeira e última vez.

Mas a primavera era a estação da flor:

Alto-mar!

Céu azul!

Meio-dia!

Ela sentia que ia arrebentar. Não viu mais nada. As pétalas separadas sumiram nas ondas do mar. A flor tinha arrebentado.

Nessa hora o gigante, por sorte, passou numa corrida de circo e agarrou pelos cabelos uma menina criança que chamava gota de água, diferente da água da chuva, diferente da água do rio, diferente da água do mar, que tinha crescido durante nove meses, nove meses dentro da flor.

Quando o gigante pôde sentar-se, pôr a menina nos joelhos, desencantou: a sua cabeça foi saindo do céu e chegando mais perto da terra. Sua mão foi saindo do mar e ficando mais perto do corpo. Seu olhar foi ficando mais cheio de gente. Suas pernas deixaram de ser tão compridas e ficaram assim deste tamanho, do tamanho de minhas pernas. Mas ele sentia ainda no peito a força de um homem que pode com o oceano, que pode com a terra, que pode com a atmosfera.

Como era bonita aquela menina que chamava gota de água, diferente da água da chuva, diferente da água do rio, diferente da água do mar, que tinha crescido durante nove meses dentro da flor.

O gigante desencantado deu risada: agora ele já tinha com quem conversar.

POEMAS INÉDITOS

Branco sobre branco

Água pura
Roupa impura
Quanto mais suja a roupa
Mais gostosa de lavar
O sol bate de chapa
Branco de cegar
A camisa faísca em plumas
Irisam-se as espumas
Infla-se a claridade como uma enorme bolha de sabão
A luz encharca
Chamalotado o ar se trinca
A roupa coara na grama
A nata do lençol espelha no varal
Volatiliza-se o verão

Terra e sol na vertical
Bochorno
O tempo faz fermata

No colapso da sesta
Exponho a alma pra coarar
Evaporado o azul
Na limpidez dos céus
Abriga-se uma lua gelada.

Leque-esqueleto

Leque-esqueleto
Esqueleto-leque
Abre que fecha
Fecha que abre
Na capa preta o mequetreque
Ri pelas costelas
Num salamaleque
Tira à socapa
Do bolso uma faca

São Jorge, o Santo

Calorado o cavalo branco
S. Jorge o Santo
Santo Guerreiro
A lança lança
Sobre o dragão

Um monstro vivo é belo como a morte
Andrômeda sobre o rochedo espera salvação

Na via da claridade da lua
No negro da escuridão
S. Jorge o Santo
Santo Guerreiro
Vai sozinho no seu cavalo
Morto o dragão

Natal

Aleluia!
Hosana!
Bimbalhem sinos,
Nasceu um Homem!
Meu choro clama
Meus lábios sugam
Humanidade, já vos pertenço
Sou um dos vossos!
Onde a estrela que vos guia até meu berço
Tragam-me votos,
O ouro do vosso afeto
Sou a vida e a esperança
Que lugar me reservaste?
Serei um Homem?

Poema 1

Vida fluindo
No seu encalço,
O tempo urdindo
Buracos negros
Grandes espaços
Vida no avesso
Sem endereço
Do consumido
Ao consumado
Vida fruindo
Vida vivendo
Vivendo a vida
Em queda livre
Não sinto peso
O céu é o espaço
Não tenho medo
No corpo a corpo do nosso abraço,
Usufruindo-a, a qualquer preço
Usufruída, deixo pedaços
Vou me assistindo
Como a um palhaço
Chorando ou rindo
Sem ter a emenda
Desta prebenda.

Poema 2

Duendes ou mortais
Tuteando a maravilha
Aves-do-paraíso:
    Neblina a neblina
    Pingam vaga-lumes
    Vaga-lumes pingam
    Neblina a neblina
Um olho de lanterna acende a trilha
Notívagos
Cansados de vigília
Trazem, nos ombros,
Crianças adormecidas
Enroladas em mantilhas
    Rente às porteiras
    Agachadas
    De rodilhas
    Cheirosas
    Babosas
    Fumegantes
    Vacas de rodilhas mastigando a língua
Sempre maior que o seu lugar
Erótico arquitetônico Nopal
Mais animal que vegetal
Tonel de mel do meu quintal
    Palhas farfalham
    Velam imagens
    Assopram-se as lamparinas
Zumbe zangado o zangão

Zunzum — Zuuum-Zuuuum
Zune sem sanga o zangão
Zunzum, zunzunzum

Para Sofia

Beijos da chuva
Sopros da terra
Na noite escura
Olente e nua
Flor sempre viva
Dor sempre crua
Visão a veras
A lua é tão branca
Vista da terra
Azul é a terra, vista da lua
Visão perjura
Flor sempre viva
Dor sempre crua
Na olente noite
Estiva e nua
Sopros da terra
Beijos da chuva.

Sem busca e nenhum ensejo

Sem busca e nenhum ensejo
Chegaram num branco adejo
Unidas como num beijo
As penas do meu desejo
Ferindo o módulo arpejo
De uma volúpia sem pejo
Em cujas graças vicejo
Deus do amor que me adivinhas
Aos teus fâmulos invejo
Sagra-me no teu cortejo
Com o sumo das tuas vinhas
Unge meu corpo e a alma minha

Deus do amor que me adivinhas
Aos teus fâmulos invejo
Sagra-me no teu cortejo
No sumo de tuas vinhas
Lava meu corpo e a alma minha

Verte o sumo de tuas vinhas
Sobre meu corpo e a alma minha
No sangue de tuas vinhas

Deus do amor que me adivinhas
Só teus favores almejo
Aos teus fâmulos invejo
Sagra-me no teu cortejo
Preme o gosto de tuas vinhas
Sobre este meu corpo e alma minha

DIA GARIMPO?
Mariano Marovatto

Há uma fotografia conhecida de Manuel Bandeira na qual o poeta segura com as duas mãos uma dúzia de livros escorados contra o peito. Em destaque na foto — além do cabelo repuxado para trás, dos olhos vivos dentro dos óculos redondos e dos grandes dentes da frente pegos de surpresa pelo clique — está o título do único dos livros cuja capa é legível: *Dia garimpo*. Com seu redondo polegar, Bandeira, por acidente, cobre metade do nome composto da autora, revelando apenas o sobrenome-pseudônimo "Barbara". O que parecia e poderia ter sido uma astuciosa propaganda do livro, tornou-se, com o passar das eras da história literária do Brasil, um mero acaso já quase esquecido. Ao que se tem notícia, Manuel Bandeira jamais escreveu uma linha sobre *Dia garimpo*. Nem ele, nem nenhum outro crítico ou poeta daquela geração (com a discreta exceção de Haydée Nicolussi). Nem ali, nem depois. Mas antes de tentar compreender os enigmas acerca da vida silenciosa, e já octogenária, de *Dia garimpo*, é mais do que necessário entender quem era Julieta Barbara naquele distante ano de 1939.

Barbara nasceu Julieta Guerrini em 14 de dezembro de 1908 em Piracicaba, São Paulo. Filha de mãe espanhola e pai italiano, formou-se professora primária pela Escola Normal de sua cidade natal e foi logo efetivada ao corpo docente do Grupo Escolar de Conchal, cidade vizinha. Logo após a revolução de 32, Julieta mudou-se para São Paulo, onde participou ativamente da organização da Bandeira Paulista de Alfabetização, entidade de ensino criada pela também professora e futura deputada e prefeita da cidade de Tatuí (SP) Chiquinha Rodrigues. Na capital paulista, Julieta trabalhava no Grupo Escolar do Brás, onde, em 1934, numa festa de arrecadação de fundos para a Bandeira Paulista, conheceu Oswald de Andrade. Após dois anos vivendo juntos, Julieta e Oswald casaram-se em dezembro de 1936 (casamento que duraria até 1942), tendo como padrinhos Clotilde Guerrini, uma das irmãs de Julieta, o jornalista Cásper Líbero e o pintor Cândido Portinari. Na mesma época, Julieta inicia sua carreira artística de pintora e escritora; adota o nome de Julieta Barbara (em homenagem à avó) e publica seus primeiros poemas nos principais veículos literários do país, além de proferir palestras sobre desenho e pintura e ingressar na recém-criada Faculdade de Filosofia da Universidade de São Paulo. Seus professores, Claude Lévi-Strauss, Roger Bastide e Giuseppe Ungaretti, em pouco tempo tornam-se amigos do casal Guerrini Andrade.

Em 1939, Julieta e Oswald (assim como Mário de Andrade, no ano anterior) decidem viver no Rio de Janeiro, então capital federal, cidade mais populosa e principal centro cultural do país. Pasqual Guerrini, pai de Julieta, ajuda o casal a comprar a prazo um apartamento no décimo andar do número 290 da Avenida Atlântica, com vista para o mar. Com os dois instalados no Rio de Janeiro, não demora muito tempo até que os originais de *Dia garimpo*, passados a limpo em Copacabana, cheguem finalmente à José Olympio.

Naquela altura, o autor de *Serafim Ponte Grande* já estava distante uma década da criação do *Manifesto antropófago* e da *Revista de Antropofagia*. Considerava arruinados na mesma proporção tanto os seus recursos financeiros quanto o movimento modernista. Brigado com seus antigos pares, tornado comunista pelas mãos de Pagu (de quem se separara em 1935) e do próprio Luís Carlos Prestes, Oswald tinha na década de

1930 o ímpeto de "ser pelo menos casaca de ferro na Revolução Proletária". Na companhia de Julieta Barbara, viu publicada sua trilogia teatral — *O rei da vela*, *O homem e o cavalo* e *A morta* — ao mesmo tempo que colecionava anotações que, desde 1936, vinham sendo publicadas na imprensa, anunciando vagarosamente a chegada do ciclo romanesco *Marco zero*.

No Rio, além de contar com a amizade do círculo de escritores que se reuniam na José Olympio (mais precisamente Jorge Amado, Graciliano Ramos e José Lins do Rego), Oswald recebera convite de Joaquim Inojosa para fazer parte da equipe do novíssimo jornal *Meio-dia*, onde manteria a coluna diária chamada oportunamente de "Banho de sol".

Outro amigo, Cláudio de Souza, com quem Oswald havia feito a famosa viagem ao Egito em 1926, ao lado de Tarsila do Amaral, também abriria os braços e seria mais um agente do destino da *vita nuova* de Oswald e Julieta. Fundador do PEN Clube do Brasil e então presidente da Academia Brasileira de Letras, Cláudio não só faz de Oswald o mais novo membro do clube como também o convoca para representar o Brasil no encontro internacional do PEN em setembro na Suécia.

Tudo parecia promissor na novíssima vida carioca do casal Guerrini Andrade, que agora aguardava ansiosamente a publicação do primeiro livro de Julieta.

✳

Dia garimpo chegou diretamente da gráfica em São Paulo para a Livraria José Olympio Editora em junho de 1939. Na capa, nenhum desenho. Somente as informações "Julieta Barbara / escreveu / desenhou / Dia Garimpo". O livro, de setenta páginas, tinha tamanho 12 × 18 cm, aproximadamente, e trazia uma carta-prefácio escrita por Raul Bopp, um retrato da autora feito por Flávio de Carvalho e dedicatória aos pais de Julieta e a Oswald. Mas a rotina acidental do casal era tamanha que a poeta não teve a oportunidade e o prazer de ver os exemplares do seu primeiro e único livro expostos na vitrine da famosa casa editorial, na rua do Ouvidor, no centro da cidade. Após três meses de adaptação à vida intensa da capital federal, Julieta e Oswald se encontravam em São Pedro, vila vizinha a Piracicaba, em São Paulo, para que Oswald pudesse repousar. Por carta a Joaquim Inojosa, o autor de *Serafim Ponte Grande* havia pedido licença de seu posto de articulador e articulista do *Meio-dia* para cuidar da saúde, maltratada pelo calor e pelos vícios da metrópole carioca, prejudiciais à sua diabetes e à sua obesidade. Era necessário total repouso para que Oswald pudesse se estabelecer integralmente antes da viagem vindoura para a Europa, em agosto.

De volta em julho ao apartamento ainda sem mobília em Copacabana, o casal precisaria dar conta de uma série de pendências deixadas para trás, bem como dos preparativos da viagem. Um dia antes do navio *Alameda Star* zarpar do cais do Touring na baía de Guanabara em direção a Londres, Oswald e Julieta convidaram os amigos mais próximos para uma breve despedida. Graciliano Ramos, presente na ocasião, relembra no suplemento literário de *Diretrizes* que "enquanto Julieta Barbara distribuía volumes do seu último livro de versos, Oswald, entre boutades e risos, falava a respeito do congresso do PEN Clube que ia se reunir em Estocolmo". O congresso, planejado para ocorrer entre os dias 4 e 7 de setembro, acabou sendo cancelado de última hora por conta do estopim da Segunda Guerra Mundial, deflagrado com a invasão nazista à cidade de Danzig, na Polônia. Julieta e Oswald, impedidos de ir para a Suécia, pularam de Londres para Paris, atravessaram a França de carona numa ambulância, tomaram um trem na Espanha e só conseguiriam retornar ao Brasil no final de outubro, num vapor vindo de Lisboa. Ao que parece, o encontro no dia anterior à partida para a Europa foi a única oportunidade na qual Julieta pôde comemorar a publicação de seu livro entre amigos e escritores. Conclui-se, portanto, que a divulgação de *Dia garimpo* tenha sido prejudicada por todos esses imprevistos e pelas contingências de ordem prática e pessoal. Porém, considerando que o ano era 1939, e que o mundo ainda fazia pouco caso do nazifascismo e desconhecia completamente a bomba atômica, a guerra fria e o neoliberalismo, foram duas as questões centrais que determinaram o silenciamento das qualidades de *Dia garimpo*: 1) Julieta era uma poeta estreante mulher em 1939; 2) Julieta era uma poeta estreante mulher em 1939, casada com Oswald de Andrade.

∗

De acordo com os principais veículos de literatura do país na época, entre 1938 e 1940, foram sete as poetas relevantes que publicaram livros de poesia no Brasil: Cecília Meireles (*Viagem*, 1939), Adalgisa Nery (*Mulher ausente*, 1940), Gilka Machado (*Sublimação*, 1938), Oneyda Alvarenga (*A menina boba*, 1938), Maria Eugênia Celso (*Alma vária*, 1938), Yonne Stamato (*Porque falta uma estrela no céu*, 1939) e Julieta Barbara (*Dia garimpo*, 1939).* Apesar de significativa, a quantidade é ínfima se

---

* Se estendermos esse escopo para um período de cinco anos, teremos mais dois nomes importantes: Mietta Santiago (*Namorada de deus*, 1936) e Henriqueta Lisboa (*Velário*, 1936, e *Prisioneira da noite*, 1941), além do primeiro livro de Adalgisa Nery, *Poemas*, de 1937.

comparada aos livros de poetas homens publicados durante o mesmo período. Melhor dizendo: publicados, resenhados e celebrados durante o mesmo período. É acintoso pensar na série de imbróglios literários envolvendo esses livros:

a) *Viagem*, de Cecília Meireles, foi o grande vencedor do Prêmio de Poesia da Academia Brasileira de Letras, anunciado em março de 1939. Cassiano Ricardo, relator da comissão formada por ele, Guilherme de Almeida e João Luso, afirmou em discurso que a Academia deveria ceder um prêmio único a Cecília, posto que as demais obras concorrentes, todas de poetas homens, foram julgadas bastante inferiores, não merecedoras nem mesmo de uma segunda colocação. O mesmo argumento já havia sido utilizado, e aceito, em 1936, quando *Magma*, do ainda desconhecido João Guimarães Rosa, fora o grande vencedor do prêmio. Porém, submetida ao plenário da instituição, a decisão sobre o livro de Cecília sofreu uma enorme resistência capitaneada pelo imortal Fernando Magalhães. Médico obstetra e membro do Conselho Nacional de Ensino, Magalhães havia algum tempo discordava ideologicamente dos artigos sobre educação que Cecília publicava nos jornais, em especial no *Diário de Notícias*, em defesa do ensino laico nas escolas. O obstetra então acusou o júri de nem sequer ter aberto os envelopes contendo as outras 28 obras do concurso e afirmou que o prêmio deveria ser dado ao livro *Pororoca*, do desconhecido Wladimir Emanuel. A querela se arrastou na imprensa até que Cassiano Ricardo, em longo discurso já em maio, resolveu dissecar as mediocridades poéticas das obras de cada um dos outros 28 participantes, comparando-as finalmente à superioridade de Cecília Meireles. Somente então o prêmio foi entregue à poeta de *Viagem*.

b) Gilka Machado era considerada a poeta mais famosa do Brasil na década de 1930.* Não publicava um livro desde 1931, e o anúncio de *Sublimação*, de 1938, gerou expectativa entre seus leitores. O livro logo ganharia duas longas resenhas de grande exaltação e curiosa prolixidade. Enquanto em *Beira-mar*, semanário voltado para a elite da Zona Sul, o texto afirmava que o brilho anormal de Gilka tornava a "humanidade melhor", pois seu canto era feito com "franqueza e comoção", a resenha de *Novas diretrizes*, sob o título "O maior poeta do Brasil", dava capacidades paranormais a Gilka, vista como "força criadora de estesia tão aguda e dirigida pela luz de uma inteligência tão capaz de tentar a decifração dos enigmas que nos desafiam na tempestade do instinto". A alta popularidade da poeta, uma vez mais, afastou a sua obra do escol literário de 1938 e de uma hipotética análise crítica habilitada que soubesse conjugar, em termos culturais, o fenômeno simbólico de Gilka e sua linguagem poética. Os grandes críticos se escusaram do trabalho.

c) Duas foram as resenhas feitas ao livro de Yonne Stamato, *Porque falta uma estrela no céu*. A primeira, simpática e complacente, foi escrita pelo atípico leitor de poesia Jorge Amado. Já a segunda, de autoria do crítico Wilson Lousada, era incisiva e impiedosa. Os dois, porém, fizeram uso do mesmo paternalismo de classe, naturalmente sexista, para defender seus divergentes pontos. Se Jorge afirmava:

> Se por vezes há em alguns versos da moça paulista certa insegurança, na maioria deles há uma força de ritmo e sentimen-

---

* Em 1933, em concurso popular promovido por O malho, Gilka obteve a primeira colocação com cem votos dos leitores. Maria Eugênia Celso foi a segunda com apenas 41 votos. Cecília Meireles, a sétima, com 6.

to que sem dúvida coloca o nome de Yonne Stamato entre os mais altos da nossa poesia feminina. A mim me agrada particularmente como ideia e como realização um poema que fala em uma mulher que chegará trazendo em suas mãos ramalhetes de rosas.

Wilson Lousada retrucava, utilizando-se dos mesmos argumentos, e pior, comparando no mesmo artigo Yonne ao poeta Odorico Tavares, que "possui uma visão mais larga da poesia":

> Ao lado desses defeitos [Yonne exerce um 'domínio precário sobre a técnica do verso' e cinco de seus poemas são tachados como fracos e sem ritmo] assinale-se, por exemplo, a feminilidade constante da poetisa. [...] Seus poemas estão bem longe de toda a metafísica e mesmo de toda a grandeza lírica ou apenas humana. [...] De uma sensibilidade feminina, passo a uma outra masculina. O contraste será de bom efeito, tanto mais que o sr. Odorico Tavares possui uma visão mais larga de poesia. Não há nada de excepcional, porém, nos poemas de *A sombra do mundo*. Mas, incontestavelmente, o sr. Odorico Tavares possui recursos técnicos e artísticos bem apreciáveis.

d) Em paralelo a esses eventos, Julieta Barbara também sofreria sua desventura literária promovida pelo sexo oposto. Em meados de 1938, Oswald foi a público afirmar que o poema de Rossine Camargo Guarnieri, "Quando os navios atracarem sem bandeira", publicado na *Revista Acadêmica* de julho daquele ano, era descarado plágio de "Um moinho que não era moinho de vento", de Julieta, incluído em *Dia garimpo*. Segundo o marido da poeta, numa troca entre pares, Julieta havia confiado a Rossine os poemas de seu livro, ainda inédito, para que ele pudesse fazer uma leitura crítica do material. Mas, pouco tempo depois, o autor de *Pau Brasil* enxerga no texto de Rossine enviado à *Revista Acadêmica* a mesma ideia central do poema ainda inédito de Julieta. Com poucos amigos na imprensa literária carioca, Rossine teve seus argumentos abafados pela grita dos aliados de Oswald, redatores de *Dom Casmurro*.*

Por outro lado, no biênio 39/40, Mário de Andrade, no seu rodapé dominical no *Diário de Notícias*, exercia com tenacidade incomum a apoteose de sua crítica literária. Com uma qualidade notoriamente acima da de seus pares, o polígrafo paulista, nas palavras de João Luiz Lafetá, era dotado de um "esforço maior e mais bem-sucedido, em grande parte vitorioso", que ajustava "numa posição única e coerente os dois projetos do modernismo, compondo na mesma linha a revolução estética e a revolução ideológica, a renovação dos procedimentos literários e a redescoberta do país, a linguagem da vanguarda e a formação de uma literatura nacional".** Munido de tais e tantos atributos, o teórico do modernismo, em duas oportunidades na sua coluna, pôde defender Cecília Meireles dos ataques, demonstrando por fim que "com *Viagem* ela se firma entre os maiores poetas nacionais". Mário também soube ler o "feminino" de Adalgisa Nery em *A mulher ausente* de maneira mais criteriosa do que o restante da crítica masculina, mas não livre de um discurso problemático: "*A mulher ausente* ainda é, com vigor, um livro de mulher". Porém, propositivo, afirma que se em 1937 Adalgisa já "tomava lugar de

---

* Curiosamente, o livro de estreia de Rossine, *Porto inseguro* (publicado ainda em 1938, antes da polêmica, também pela José Olympio), trazia por acaso, na orelha, a propaganda do volume *Teatro* de Oswald (a primeira edição das peças *O rei da vela* e *A morta*). No livro, Rossine, ainda incauto, dedica o poema "O homem louco" ao autor de *Pau Brasil*. Da mesma forma curiosa, um outro poema, "Momento", é dedicado a Mário de Andrade, autor do prefácio de *Porto inseguro*. Ao que parece, Oswald buscava atingir também Mário no seu embate público contra Rossine, em defesa de Julieta.

** LAFETÁ, João Luiz. *1930: A crítica e o modernismo*. Editora 34, 2000, p. 153.

importância entre nossos poetas", com o novo livro ela sustenta e solidifica sua posição por justamente buscar novas soluções movida por uma insatisfação legítima. Por fim, em um pedaço de artigo dedicado ao livro de estreia de sua amiga e *protegé* Oneyda Alvarenga, o autor de *Macunaíma* declara que *A menina boba* é um "verdadeiro vade-mécum de arte, digno de ser mais estudado pelos nossos poetas moços".

Desde 1929, Mário, percebendo-se sem saída diplomática possível aos ataques de Oswald, havia cortado terminantemente qualquer tipo de relação com o autor de *Serafim*. Ao longo da década de 1930, Oswald faz algumas tentativas de reaproximação, repudiadas por Mário. Por outro lado, novos ataques também se acumulavam, dando razão para que a mágoa de Mário se tornasse mais profunda e definitiva. Em março de 1939, Oswald afrontaria Mário mais uma vez. Respondendo ao primeiro texto do autor de *Pauliceia desvairada* no *Diário de Notícias*, Oswald, no seu espaço correspondente no *Meio-dia*, afirma que "beirando o cinquentão", Mário "reaparece nas colunas de jornais" e revela "todo o vazio de sua vida pequeno-burguesa. Desmontado, esse grande boneco do modernismo não desperta nenhum interesse". Vítima indireta da inclemência crítica de seu marido, Julieta não teria a menor chance de ser lida por Mário. E provavelmente por uma dúzia de outros críticos inimigos de Oswald, a começar por Alceu Amoroso Lima.

✳

Tudo indica que se falou com interesse sobre *Dia garimpo* nas rodas literárias à época de seu lançamento. Por outro lado, escreveu-se pouquíssimo sobre a obra. As modestas notas críticas que saíram a seu respeito afirmavam que o livro vinha "obtendo grande repercussão nos nossos meios literários" (*Diário de Notícias*, 30/7/39) e que trazia uma bem-vinda "contribuição pessoal que há de interessar à crítica" (*Dom Casmurro*, 12/8/39). Essas notas davam ênfase à carta-prefácio escrita por Raul Bopp e arrematavam a notícia em busca de adjetivos norteadores para a sua leitura, curiosamente insólitos como: "fino, [...] esquisito e atraente", cujos poemas revelam "uma estranha personalidade poética". O único texto crítico localizado sobre o livro foi publicado finalmente na edição de 9 de setembro da *Dom Casmurro* — com a Segunda Guerra Mundial recém-declarada e com Julieta Barbara mais uma vez fora do Rio: estava em Lisboa à procura de um navio que os trouxesse, a ela e a Oswald, de volta ao Brasil. De autoria da escritora capixaba Haydée Nicolussi, a resenha é curta e inusitada, e por isso vale sua reprodução integral:

> Desconfio que Julieta Barbara, quando era pequenina, queria ser químico industrial. Tendo errado de vocação por força das circunstâncias (Mãe Gentil!) acabou poetisa...
>
> E está fazendo agora uma viagem à Europa. (Como é de resto o destino de todos os químicos industriais não totalmente falidos...)
>
> Nos dias ensolarados de suas páginas está resumido tudo que de ironia, humor, leveza, graça, se pode exigir de uma inteligência ágil e consciente em ritmos que recordam nomes conhecidos, alguns no próprio livro envolvidos, desde o prefácio: Bopp, Oswald de Andrade, o ex-Murilo, Jorge de Lima.
>
> Uma *mélange* de toadas africanas, piadas, blasfêmias, pólvora seca...
>
> No fundo, para contrapeso, bom coeficiente pessoal: sexo e lirismo.
>
> E grande propriedade nas imagens (sobretudo uma cadência especial, que dá a impressão dessa paulista ter nascido entre os palmeirais e as lagoas mal assombradas do norte).

Certa está a resenha de Haydée em começar por perseguir as pistas que levam *Dia garimpo* aos nomes de Raul Bopp e Oswald de Andrade. Em primeiro lugar, uma série de sinais apontam para a presença e a parceria de Oswald. Mesmo que bastante claros e superficiais, é interessante nomeá-los. O eco de substantivos, originado na obra do modernista, como "pau Brasil" no poema "Mãe gentil", ou a assonância dos poemas "Adolescente" em Julieta e "Adolescência", subtítulo de "As quatro gares", poema presente no *Primeiro caderno do aluno de poesia*, de Oswald. As cenas e os cenários de "Iguape" revelam, pelos olhos da poeta, as paragens descritas, de outro modo, por Oswald em *Marco zero*. No poema surge a cidade de Registo (atualizada para Registro), um dos berços da imigração japonesa em São Paulo, recorrente tanto em *A revolução melancólica* como em *Chão*. A própria Iguape — cidade que serviu de modelo ora para as fictícias Porto Litoral, ora para Jurema, do romance de Oswald — e os romeiros de seu Bom Jesus refletem-se em *Marco zero* e, no romance, atendem à festa do Bom Jesus de Jurema. No poema também estão: o japonês que compra terras, o vendedor turco, a banda que anuncia a procissão, a miséria das crianças subnutridas e outros personagens que se repetiriam no mural oswaldiano de *Marco zero*. Por fim, a epígrafe do último poema do livro, "Poesia", retirada do livro *Pau Brasil*, que homenageia Oswald.

Por outro lado, há uma concisão precisa e preciosa na obra de Julieta. *Dia garimpo* é um nome acertado e extraordinário para título de uma primeira coleção de poesia — de originalmente dezoito poemas. Essa justeza de tamanho, acompanhada dos desenhos com traços simples da autora, estabelece novo diálogo com o *Primeiro caderno do aluno de poesia Oswald de Andrade* e seus...

dezenove poemas. Com sabedoria, Julieta compila um punhado de textos anamnésicos. Reconta episódios acrônicos reiterando versos, regiões, nomes. Homenageia personagens, seja o trem transmudado em Dragão de Siegfried, seja o alufá Roque, Qualapa e sua epopeia, ou o Brasil bem modernista de "Mãe gentil".

Não são apenas o aspecto narrativo e as personagens dos poemas mais longos de Julieta que convocam à analogia em relação a *Cobra norato*, publicado em 1931 por Raul Bopp. A "*mélange* de toadas africanas" e "a impressão dessa paulista ter nascido entre os palmeirais e as lagoas mal assombradas do norte" de que fala Nicolussi também corroboram a perspectiva dita "primitivista" presente nas duas obras. Tanto Barbara quanto Bopp, ao incorporar na matéria do poema suas respectivas pesquisas formais acerca principalmente das culturas de matriz africana, traçam seus caminhos sobre a via consolidada por *Macunaíma*. Em outras palavras, ao traduzir o que era dito "folclore" para uma "cultura erudita", Julieta Barbara e Raul Bopp constituíram em suas obras aquilo que Celso Furtado chamou de lócus privilegiado da criação cultural modernista, "interagindo entre modernização dependente e a busca de uma identidade que somente pode vir das raízes populares". Um ato já ruminado pela geração de 22 e que na década de 1930 soa deslocado frente às novas matizes ideológicas que tomaram de assalto a literatura pré-Segunda Guerra. Raul Bopp repetidamente reforçou a sua frustração de ter criado uma obra-prima que pareceu ineficaz no seu tempo, relegada ao posto de clássico antes mesmo de se transformar em exemplo. Nesse caso, o livro de Julieta, publicado já na outra ponta da década, apresenta-se ainda mais atemporal, isolado, como se fosse único.

Um outro livro supracitado neste posfácio e que possui semelhanças com *Dia garimpo*, não só em relação ao dito tema "primitivista", mas em seu caráter avulso dentro do panorama modernista, é *Magma*, de Guimarães Rosa. Um quarto par possível, ainda mais esdrúxulo, é o ignorado *Poemas caboclos*, escrito por Vinícius Meyer em 1934. Assim como Bopp, Meyer também explora com obstinação a fetichização modernista em torno das culturas indígenas e afrodiaspóricas.

Por fim, instituir semelhanças entre *Dia garimpo* e outros livros contemporâneos a ele (e que entre si são bastante díspares) é um exercício vão de estabelecimento de possíveis pares. Mas trata-se também de um pequeno gesto que, se desenvolvido, é passível de importunar a fossilizada história da poesia modernista. As desventuras do livro de Julieta Barbara, e também de uma dezena de poetas citadas(os) nesse texto, confirmam que aquilo que se converte em posteridade faz-se alheio a todas essas potências poéticas individuais. Há ainda mil e uma possibilidades vindas do passado a serem descobertas.

Copyright © 2022 Ana Clara Guerrini Schenberg

Copyright texto Raul Bopp © 2022 Herdeiros de Raul Bopp

Todos os direitos reservados. Nenhuma parte desta obra pode ser reproduzida, arquivada ou transmitida de nenhuma forma ou por nenhum meio sem a permissão expressa e por escrito da Editora Fósforo e da Luna Parque Edições.

EQUIPE DE PRODUÇÃO
Ana Luiza Greco, Julia Monteiro, Leonardo Gandolfi, Mariana Correia Santos, Marília Garcia, Rita Mattar, Zilmara Pimentel
PESQUISA Mariano Marovatto
REVISÃO Júlia de Souza, Eduardo Russo
DIGITAÇÃO DOS POEMAS Viviane Nogueira
DIGITALIZAÇÃO DAS IMAGENS Julia Thompson
PRODUÇÃO GRÁFICA Marina Ambrasas
RETRATO DA PÁGINA 15 Flávio de Carvalho
ILUSTRAÇÕES DE MIOLO Julieta Barbara
PROJETO GRÁFICO Alles Blau
EDITORAÇÃO ELETRÔNICA Página Viva

Dados Internacionais de Catalogação na Publicação (CIP)
(Câmara Brasileira do Livro, SP, Brasil)

Barbara, Julieta
　　Dia garimpo / Julieta Barbara. — São Paulo : Círculo de Poemas, 2022.

　　ISBN: 978-65-84574-00-7

　　1. Poesia brasileira I. Título.

21-90582　　　　　　　　　　　　　　　　　　　　CDD — B869.1

Índice para catálogo sistemático:
1. Poesia : Literatura brasileira　　B869.1

Maria Alice Ferreira — Bibliotecária — CRB-8/7964

CÍRCULO *Luna Parque*
DE POEMAS *Fósforo*

circulodepoemas.com.br
lunaparque.com.br
fostoroeditora.com.br

Editora Fósforo
Rua 24 de Maio, 270/276, 10º andar
01041-001 - São Paulo/SP — Brasil

CÍRCULO *Luna Parque*
DE POEMAS *Fósforo*

Este livro foi composto em GT Alpina e
GT Flexa e impresso pela gráfica Ipsis
em dezembro de 2021. Sob o sol desses
dias, garimpo atrás das tempestades
que enterram o céu no chão.